CAHIER DES CHARGES TYPE

POUR LA CONCESSION PAR L'ÉTAT

d'une Distribution d'Énergie électrique
aux services publics

**Décret du Ministère des Travaux Publics,
des Postes et des Télégraphes**

(30 novembre 1909)

Prix : 0.50

PUBLICATIONS
DE L'INDUSTRIE ÉLECTRIQUE
9, RUE DE FLEURUS, 9

1910

CAHIER DES CHARGES TYPE

pour la concession par l'État
d'une distribution d'énergie électrique
aux services publics

DÉCRET du Ministère des travaux publics, des postes
et des télégraphes.

Le Président de la République française,

Sur le rapport du ministre des travaux publics, des postes
et des télégraphes,

Vu la loi du 15 juin 1906 sur les distributions d'énergie et
notamment l'article 6 de cette loi;

Le conseil d'État entendu,

Décrète :

Article premier. — Est approuvé le cahier des charges ci-
annexé, dressé en exécution de l'article 6 de la loi du
15 juin 1906 pour la concession par l'État d'une distribution
d'énergie électrique aux *services publics.*

Art. 2. — Le ministre des travaux publics, des postes et
des télégraphes est chargé de l'exécution du présent décret,
qui sera applicable à l'Algérie.

Paris, le 30 novembre 1909.

A. FALLIÈRES.

Par le Président de la République :

*Le ministre des travaux publics, des postes
et des télégraphes,*

A. MILLERAND.

CHAPITRE PREMIER

OBJET DE LA CONCESSION

Service concédé.

Article premier. — La présente concession a pour objet la distribution de l'énergie électrique aux services publics organisés en vue des transports en commun, de l'éclairage public ou privé ou de la fourniture de l'énergie aux particuliers sur le parcours compris entre . . . . . . et (¹) . . . . département . . . . .en traversant les communes de . . . . département (¹) de . . . .

Droit d'utiliser les voies publiques..

Art. 2. — La concession confère au concessionnaire le droit d'établir et d'entretenir, sur le parcours défini à l'article premier, soit au-dessus, soit au-dessous des voies publiques et de leurs dépendances, tous ouvrages ou canalisations destinés à la distribution de l'énergie électrique en se conformant aux conditions du présent cahier des charges, aux règlements de voirie et aux décrets ou arrêtés intervenus en exécution de la loi du 15 juin 1906.

Le concessionnaire ne pourra réclamer aucune indemnité pour le déplacement ou la modification des ouvrages établis par lui sur les voies publiques, lorsque ces changements seront requis par l'autorité compétente pour un motif de sécurité publique ou dans l'intérêt de la voirie.

Utilisation accessoire des ouvrages et canalisations.

Art. 3. — Le concessionnaire peut être autorisé par le ministre des travaux publics à faire usage des ouvrages et canalisations établis en vertu de la présente concession pour fournir l'énergie à d'autres services publics ou à des particuliers, sous la condition expresse qu'il n'en résulte aucune entrave au

---

(¹) Spécifier, d'une part, l'usine génératrice ou le poste d'où part la ligne et, d'autre part, soit la dernière commune à desservir, soit le poste de réception où la ligne principale doit se terminer.

bon fonctionnement de la distribution définie à l'article premier ci-dessus et que toutes les obligations du cahier des charges soient remplies.

CHAPITRE II

TRAVAUX

Approbation des projets.

Art. 4. — Les projets de tous les ouvrages dépendant de la concession devront être approuvés dans les formes prévues par la loi du 15 juin 1906 et par le décret du 3 avril 1908.

Ouvrages à établir pour la distribution.

Le concessionnaire sera tenu d'établir à ses frais les canalisations, sous-stations, postes de transformateurs, etc., nécessaires au transport de l'énergie depuis l'usine productrice et à sa distribution.

Les ouvrages destinés à la production de l'énergie ne seront pas soumis aux dispositions du présent cahier des charges.

Toutefois, le concessionnaire sera tenu de construire et de maintenir en bon état de service une (ou plusieurs) usine(s) génératrice(s) d'une puissance totale d'au moins ... kilowatts. Cette (ou ces) usine(s) ainsi que les ouvrages la (ou les) reliant au réseau de distribution feront partie de la concession [1].

Ouvrages et canalisations préexistants.

L'État met à la disposition du concessionnaire, qui accepte, l'ensemble des immeubles, canalisations, ouvrages, matériel et appareils constituant les installations de la distribution

---

[1] L'État peut exiger que les usines dépendant de la concession soient en état de produire toute l'énergie nécessaire à la distribution; dans ce cas, les deuxième et troisième alinéas de l'article 5 doivent être supprimés et le premier alinéa doit être rédige ainsi qu'il suit : « Le concessionnaire sera tenu d'établir à ses frais les ouvrages destinés à la production de l'énergie, à son transport et à sa distribution. Tous ces ouvrages feront partie intégrante de la concession. »

préexistante, suivant inventaire annexé au présent cahier des charges.

Cette mesure est consentie pour la durée de la concession, mais elle cessera de plein droit d'avoir son effet en cas de rachat ou de déchéance.

Le concessionnaire payera, pour l'usage des ouvrages de la distribution qui sont mis à sa disposition par l'État, une redevance annuelle de. . . . . . (1).

Délais d'exécution.

Art. 6. — Les projets des ouvrages et des lignes désignés sur le plan annexé au présent cahier des charges devront être présentés par le concessionnaire dans le délai de . . . . mois à partir de l'approbation définitive de la concession.

Les travaux seront commencés dans le délai de . . . . . . à dater de l'approbation des projets et poursuivis sans interruption, de manière à être achevés dans le délai de . . . . .

Les autres lignes seront exécutées lorsqu'elles seront nécessaires pour l'accomplissement des obligations du concessionnaire.

Propriété des installations.

Art. 7. — Le concessionnaire sera tenu d'acquérir les machines et l'outillage nécessaires à l'exploitation (2).

Il pourra, à son choix, soit acquérir les terrains et établir à ses frais les constructions affectées au service de la distribution, soit les prendre en location.

Toutefois, il sera tenu d'acquérir en toute propriété et de construire les . . . (3).

---

(1) Les trois derniers alinéas de l'article 5 ne sont applicables que si l'État dispose, au moment de l'institution de la concession, d'un réseau de distribution déjà existant.

Dans ce cas, l'État peut mettre ce réseau à la disposition du concessionnaire à des conditions déterminées d'un commun accord. La redevance, s'il en est imposé une, peut être soit fixe, soit proportionnelle aux recettes brutes ou aux bénéfices réalisés par le concessionnaire.

(2) Quand le concessionnaire est autorisé à ne pas produire lui-même l'énergie, le mot « l'exploitation » doit être remplacé par les mots « la distribution de l'énergie ».

(3) L'État peut imposer au concessionnaire l'acquisition en toute

Pour l'établissement des ouvrages, l'État s'engage à mettre à la disposition du concessionnaire moyennant.. (¹).

Les baux ou contrats relatifs à toutes les locations d'immeubles seront communiqués au préfet ; ils devront comporter une clause réservant expressément à l'État la faculté de se substituer au concessionnaire en cas de rachat ou de déchéance. Il en sera de même pour tous les contrats de fourniture d'énergie, si le concessionnaire achète le courant.

Nature et mode de production du courant (²).

Art. 8. — . . . . •

Usines génératrices (³).

. . . . ▾

Sous-stations et postes de transformateurs (⁴).

. . . . •

Tension de transport.

Art. 9. — La tension du courant au départ des usines, en service normal, ne doit jamais dépasser .... volts.

Fréquence.

La fréquence du courant distribué en service normal est fixé à .... périodes par seconde (⁵).

propriété de tout ou partie des immeubles destinés à l'établissement des usines de production et des postes de transformation.

(¹) L'État peut autoriser, par le cahier des charges, le concessionnaire à occuper, dans des conditions déterminées, les parties du domaine public dont il a la disposition.

(²) Indiquer la nature et le mode de production du courant distribué.

(³) Lorsque l'acte de concession prévoit la construction d'usines génératrices faisant partie intégrante de la concession, l'article 8 détermine les conditions d'établissement de ces usines.

(⁴) L'article 8 détermine également, s'il y a lieu, les conditions d'établissement de sous-stations et postes de transformateurs.

(⁵) Cet alinéa ne s'applique qu'en cas de distribution par courants alternatifs.

Canalisations.

Art. 10. — Les canalisations souterraines seront placées directement dans le sol; toutefois, elles pourront, sur la demande du concessionnaire, être placées dans des galeries accessibles, et elles devront l'être lorsque les services de voirie l'exigeront. Sauf aux traversées des chaussées, elles seront toujours sous les trottoirs, à moins d'une autorisation spéciale.

A la traversée des chaussées fondées sur béton et des voies de tramways, les dispositions nécessaires seront prises pour que le remplacement des canalisations soit possible sans ouverture de tranchée.

Les canalisations aériennes. . . . . (¹).

CHAPITRE III

TARIFS ET CONDITIONS DE SERVICE

Tarif maximum.

Art. 11. — Les prix auxquels le concessionnaire est autorisé à vendre l'énergie électrique aux services définis à l'article premier ne peuvent dépasser les maxima suivants (²).

. . . .

(¹) L'État peut interdire les canalisations aériennes; lorsqu'elles sont autorisées, il convient d'indiquer si les canalisations peuvent être aériennes dans toute l'étendue de la concession, ou sinon dans quelles parties elles ne peuvent pas l'être.

L'État peut, en autorisant les canalisations aériennes, déterminer les conditions auxquelles sera soumis leur établissement.

(²) Le cahier des charges peut fixer des maxima différents suivant les conditions de puissance, d'horaire, d'utilisation et de consommation; il peut stipuler notamment des réductions pour les abonnés dépassant ou garantissant un minimum de consommation, pour les abonnés utilisant le courant à des heures ou pendant des saisons déterminées et, d'une manière générale, pour les abonnés acceptant des sujétions spéciales.

Les tarifs et les conditions du service peuvent être différents suivant la distance de l'usine génératrice au point de livraison du courant.

Établissements et associations assimilés aux services publics.

Art. 12. — Les établissements publics et les associations agricoles organisées par l'administration, en vertu des lois du 16 septembre 1807, du 14 floréal an XI et du 8 avril 1898, ou autorisés en conformité des lois des 21 juin 1865, 22 décembre 1888, sont assimilés aux services publics définis à l'article premier ci-dessus, tant en ce qui concerne les tarifs qu'en ce qui concerne l'obligation imposée au concessionnaire par l'article 13 ci-après de fournir l'énergie demandée et les conditions de la fourniture.

Obligation de consentir des abonnements sur tout le parcours
de la distribution.

Art. 13. — Sur tout le parcours défini à l'article premier ci-dessus, le concessionnaire sera tenu de fournir l'énergie électrique, dans les conditions prévues au présent cahier des charges, à tout service public rentrant dans les catégories énumérées audit article dont l'administration demandera à contracter un abonnement pour une durée d'au moins . . . et pour une puissance d'au moins. . . . . . .kilowatts.

Le concessionnaire pourra exiger que le demandeur lui garantisse pendant . . . . . années une recette brute annuelle de. . . . . .francs par kilowatt demandé.

Le délai dans lequel le concessionnaire devra commencer la fourniture du courant sera déterminé dans le traité d'abonnement, et tenant compte du temps nécessaire à l'exécution des travaux indispensables pour assurer le service du nouve abonné.

En aucun cas, le concessionnaire ne pourra être astreint à dépasser la puissance maximum de. . . . .kilowatts pour l'énergie fournie aux services publics dont l'alimentation est obligatoire.

Obligation d'étendre le réseau.

Art. 14. — Sont considérés comme situés sur le parcours de la distribution, pour l'application de l'article précédent, tous les services publics qui fonctionnent en totalité ou en partie dans une zone de . . . . .kilomètres de chaque côté

de la ligne principale de transport définie à l'article premier
ci-dessus et qui sont susceptibles d'être desservis au moyen
d'un poste principal situé dans cette zone.

Poste de transformation et lignes secondaires.

Art. 15. — Les postes de transformation ainsi que les lignes
secondaires et les branchements ayant pour objet d'amener
le courant aux abonnés, seront installés et entretenus par le
concessionnaire et feront partie intégrante de la distribution.

Les frais d'installation des branchements seront rem-
boursés au concessionnaire par les abonnés. En cas de désaccord, leur montant sera fixé à dire d'experts.

Compteurs.

Art. 16. — Les compteurs servant à mesurer les quantités
d'énergie livrées aux abonnés par le concessionnaire seront
posés, plombés et entretenus par celui-ci.

Chaque abonné aura la faculté de les fournir lui-même ou
de demander au concessionnaire de les fournir en location.

Les conditions de location, de pose, plombage et entretien
des compteurs ainsi que l'étendue des écarts dans la limite
desquels les compteurs seront considérés comme exacts,
seront déterminées par le traité d'abonnement.

Vérification des compteurs.

Art. 17. — Le concessionnaire pourra procéder à la vérification des compteurs aussi souvent qu'il le jugera utile, sans
que cette vérification donne lieu à son profit à aucune allo-
cation en sus des frais d'entretien mentionnés à l'article précédent.

L'abonné aura toujours le droit de demander la vérification
du compteur, soit par le concessionnaire, soit par un expert
désigné d'un commun accord ou, à défaut d'accord, désigné
par l'ingénieur en chef du contrôle des distributions d'énergie
électrique. Les frais de vérification seront à la charge de
l'abonné, si le compteur est reconnu exact ou si le défaut
d'exactitude est à son profit; ils seront à la charge du concessionnaire, si le défaut d'exactitude est au détriment de
l'abonné.

Traités d'abonnement.

Art. 18. — Les contrats pour la fourniture de l'énergie électrique seront établis dans la forme de traités d'abonnement qui seront communiqués à l'ingénieur en chef du contrôle des distributions d'énergie électrique.

Le ministre des travaux publics, sur le rapport de l'ingénieur en chef et après avis du comité d'électricité, aura la faculté de prescrire la suppression de toute clause en contradiction avec le présent cahier des charges ou accordant à un abonné des avantages qui ne seraient pas accordés aux autres abonnés placés dans les mêmes conditions de puissance, d'horaire, d'utilisation, de consommation et de durée d'abonnement.

Surveillance des installations reliées à la distribution.

Art. 19. — Le courant ne sera livré aux abonnés que s'ils se conforment, pour les installations reliées à la distribution, aux conditions qui leur seront imposées par le concessionnaire, avec l'approbation de l'ingénieur en chef du contrôle, en vue soit d'éviter les troubles dans l'exploitation, soit d'empêcher l'usage illicite du courant.

Le concessionnaire sera autorisé, à cet effet, à vérifier, à toute époque, les installations de chaque abonné.

Si l'installation est reconnue défectueuse, le concessionnaire pourra se refuser à continuer la fourniture du courant. En cas de désaccord sur les mesures à prendre en vue de faire disparaître toute cause de danger ou de trouble dans le fonctionnement général de la distribution, il sera statué par l'ingénieur en chef du contrôle, sauf recours au ministre des travaux publics, qui décidera après avis du comité d'électricité.

En aucun cas, le concessionnaire n'encourra de responsabilités à raison des défectuosités des installations qui ne seront pas de son fait.

Conditions particulières du service.

Art. 20 ([1]). — . . . .

([1]) L'article 20 indique si l'énergie doit être à la disposition des abonnés en permanence ou si le service peut être normalemen

CHAPITRE IV

Durée de la concession.

Art. 21. — La durée de la présente concession est fixée à. . . . . années (¹); elle commencera à courir de la date de son approbation définitive (²).

Reprise des installations en fin de concession.

Art. 22. — À l'époque fixée pour l'expiration de la concession, l'État aura, moyennant un préavis de deux ans, la faculté de se subroger aux droits du concessionnaire et de prendre possession de tous les immeubles et ouvrages de la distribution et de ses dépendances.

Si l'État use de cette faculté, les usines, sous-stations et postes transformateurs, le matériel électrique et mécanique ainsi que les canalisations et branchements faisant partie de la concession lui seront remis gratuitement et il ne sera attribué d'indemnité au concessionnaire que pour la portion du coût de ces installations qui sera considérée comme n'étant pas amortie. Cette indemnité sera égale aux dépenses, dûment justifiées, supportées par le concessionnaire pour l'établissement de ceux des ouvrages ci-dessus énumérés subsistant en fin de concession qui auront été régulièrement exécutés pendant les n dernières années de la concession, sauf déduction pour chaque ouvrage de $1/n$ de sa valeur pour chaque année écoulée depuis son achèvement. L'indemnité sera payée au concessionnaire dans les six mois qui suivront l'expiration de la concession.

En ce qui concerne le mobilier et les approvisionnements,

suspendu à des heures déterminées, qui peuvent être variables suivant les saisons. Il peut contenir en outre des conditions spéciales, qui seraient stipulées pour la fourniture de l'énergie à certaines catégories d'abonnés.

(¹) La durée ne peut être supérieure à cinquante ans.

(²) Lorsque la concession a pour objet l'extension d'une concession déjà existante, elle doit prendre fin à la même date que la concession principale et l'article 21 détermine la date d'expiration pour l'ensemble du réseau.

l'État se réserve le droit de les reprendre en totalité ou pour telle partie qu'il jugera convenable, mais sans pouvoir y être contraint. La valeur des objets repris sera fixée à l'amiable ou à dire d'experts, et payée au concessionnaire dans les six mois qui suivront leur remise à l'État.

Si l'État ne prend pas possession de la distribution, le concessionnaire sera tenu d'enlever à ses frais et sans indemnité toutes celles de ses installations qui se trouvent sur ou sous les voies publiques; il pourra toutefois abandonner sans indemnité les canalisations souterraines, à condition qu'elles n'apportent aucune gêne aux services publics.

Dans tous les cas, l'État aura la faculté, sans qu'il en résulte un droit à une indemnité pour le concessionnaire, de prendre pendant les six derniers mois de la concession toutes mesures utiles pour assurer la continuité de la distribution de l'énergie en fin de concession en réduisant au minimum la gêne qui en résultera pour le concessionnaire. Il pourra notamment, si les sous-stations et postes de transformateurs n'appartiennent pas en propre au concessionnaire ou si celui-ci ne produit pas le courant dans les usines faisant partie de la concession, desservir directement les abonnés par des sous-stations ou postes de transformateurs nouveaux, en percevant à son profit le prix de vente de l'énergie, et d'une manière générale, prendre toutes les mesures nécessaires pour effectuer le passage progressif de la concession ancienne à une concession ou à une entreprise nouvelle.

Rachat de la concession.

Art. 23. — A toute époque, l'État aura le droit de racheter la concession entière moyennant un préavis de deux ans.

En cas de rachat, le concessionnaire recevra pour toute indemnité :

1° Pendant chacune des années restant à courir jusqu'à l'expiration de la concession une annuité égale au produit net moyen des sept années d'exploitation précédant celle où le rachat sera effectué, déduction faite des deux plus mauvaises.

Le produit net de chaque année sera calculé en retranchant des recettes toutes les dépenses, dûment justifiées, faites pour l'exploitation du transport, y compris l'entretien et le renouvellement des ouvrages et du matériel, mais non compris les charges du capital ni l'amortissement des dépenses de premier établissement.

Dans aucun cas le montant de l'annuité ne sera inférieur au produit net de la dernière des sept années prises pour termes de comparaison.

2° Une somme égale aux dépenses dûment justifiées, supportées par le concessionnaire pour l'établissement de ceux des ouvrages de la concession, subsistant au moment du rachat, qui auront été régulièrement exécutés pendant les n années précédant le rachat, sauf déduction pour chaque ouvrage de $1/n$ de sa valeur pour chaque année écoulée depuis son achèvement.

L'État sera également tenu de se substituer au concessionnaire pour l'exécution des contrats de fourniture d'énergie, passés conformément aux articles 1er, 12 et 13 du présent cahier des charges, ainsi que des engagements pris par lui en vue d'assurer la marche normale de l'exploitation, et de reprendre les approvisionnements en magasin ou en cours de transport ainsi que le mobilier de la distribution ; la valeur des objets repris sera fixée à l'amiable ou à-dire d'experts et sera payée au concessionnaire dans les six mois qui suivront leur remise à l'État.

Si le rachat a lieu avant l'expiration des vingt premières années de la concession, le concessionnaire pourra demander que l'indemnité, au lieu d'être calculée comme il est dit ci-dessus, soit égale aux dépenses réelles de premier établissement, y compris les frais de constitution de la société dans la limite d'un maximum de. . . fr. et les insuffisances qui se seraient produites depuis l'origine de la concession, si celle-ci remonte à moins de sept ans, et pendant les sept premières années de sa durée, si elle remonte à plus de sept ans. Ces insuffisances seront calculées pour chaque année en prenant la différence entre la recette brute et les charges énumérées ci-après : 1° frais d'exploitation ; 2° intérêt et amortissement des emprunts contractés pour l'établissement de la distribution ; 3° intérêt à 5 pour 100 des sommes fournies par le concessionnaire au moyen de ses propres ressources ou de son capital-actions.

Remise des ouvrages.

Art. 24. — En cas de rachat, ou en cas de reprise à l'expiration de la concession, le concessionnaire sera tenu de remettre à l'État tous les ouvrages et le matériel de la distribution en bon état d'entretien.

L'État pourra retenir, s'il y a lieu, sur les indemnités dues au concessionnaire, les sommes nécessaires pour mettre en bon état toutes les installations.

Lorsque l'État usera de la faculté, à lui réservée, de reprendre les installations en fin de concession, il pourra se faire remettre les revenus de la distribution dans les deux dernières années qui précéderont le terme de la concession et les employer à rétablir en bon état les installations, si le concessionnaire ne se met pas en mesure de satisfaire pleinement et entièrement à cette obligation et si le montant de l'indemnité à prévoir en raison de la reprise de la distribution par l'État, joint au cautionnement, n'est pas jugé suffisant pour couvrir les dépenses des travaux reconnus nécessaires.

Déchéance et mise en régie provisoire.

Art. 25. — Si le concessionnaire n'a pas présenté les projets d'exécution, ou s'il n'a pas achevé et mis en service les lignes de la distribution dans les délais et conditions fixés par le cahier des charges, il encourra la déchéance qui sera prononcée après mise en demeure par décret sauf recours au conseil d'État par la voie contentieuse.

Si la sécurité publique vient à être compromise, le préfet, après avis de l'ingénieur en chef du contrôle, prendra aux frais et risques du concessionnaire les mesures provisoires nécessaires pour prévenir tout danger. Il soumettra au ministre des travaux publics les mesures qu'il aura prises à cet effet. Le ministre prescrira, s'il y a lieu, les modifications à apporter à ces mesures et adressera au concessionnaire une mise en demeure fixant le délai à lui imparti pour assurer à l'avenir la sécurité de l'exploitation.

Si l'exploitation vient à être interrompue en partie ou en totalité, il y sera également pourvu aux frais et risques du concessionnaire. Le préfet soumettra immédiatement au ministre des travaux publics les mesures qu'il compte prendre pour assurer provisoirement le service de la distribution. Le ministre statuera sur ces propositions et adressera une mise en demeure fixant un délai au concessionnaire pour reprendre le service.

Si à l'expiration du délai imparti dans les cas prévus aux

deux alinéas qui précèdent, il n'a pas été satisfait à la mise en demeure, la déchéance pourra être prononcée.

La déchéance pourra également être prononcée si le concessionnaire, après mise en demeure, ne reconstitue pas le cautionnement prévu à l'article 31 ci-après, dans le cas où des prélèvements auraient été effectués sur ce cautionnement en conformité des dispositions du cahier des charges.

La déchéance ne serait pas encourue dans le cas où le concessionnaire n'aurait pu remplir ses obligations par suite de circonstances de force majeure dûment constatées.

Procédure en cas de déchéance.

Art. 26. — Dans le cas de déchéance, il sera pourvu tant à la continuation et à l'achèvement des travaux qu'à l'exécution des autres engagements du concessionnaire au moyen d'une adjudication qui sera ouverte sur une mise à prix des projets, des terrains acquis, des ouvrages exécutés, du matériel et des approvisionnements.

Cette mise à prix sera fixée par le ministre des travaux publics sur la proposition du préfet, le concessionnaire entendu.

Nul ne sera admis à concourir à l'adjudication s'il n'a, au préalable, été agréé par le ministre des travaux publics, et s'il n'a fait, soit à la caisse des dépôts et consignations, soit à la trésorerie générale du département d. . . . . un dépôt de garantie égal au montant du cautionnement prévu par le présent cahier des charges.

L'adjudication aura lieu suivant les formes indiquées aux articles 11, 12, 13, 15 et 16 de l'ordonnance royale du 10 mai 1829.

L'adjudicataire sera soumis aux clauses du présent cahier des charges et substitué aux droits et charges du concessionnaire évincé, qui recevra le prix de l'adjudication.

Si l'adjudication ouverte n'amène aucun résultat, une seconde adjudication sera tentée sans mise à prix après un délai de trois mois. Si cette seconde tentative reste également sans résultat, le concessionnaire sera définitivement déchu de tous droits; les ouvrages et le matériel de la distribution, ainsi que les approvisionnements, deviendront sans indemnité la propriété de l'État.

CHAPITRE V

CLAUSES DIVERSES

Redevances.

Art. 27. — Les redevances pour l'occupation du domaine public national ou départemental ne sont pas réglées par le cahier des charges ; elles sont fixées conformément aux articles 1 et 2 du décret du 17 octobre 1907.

Il en est de même des redevances pour l'occupation du domaine public communal à moins que des accords spéciaux ne soient intervenus entre certaines communes et le concessionnaire, conformément à l'article 3 dudit décret.

Etats statistiques et contrôle des recettes.

Art. 28. — Le concessionnaire sera tenu de remettre chaque année à l'ingénieur en chef du contrôle un compte rendu statistique de son exploitation.

Ce compte rendu sera établi conformément au modèle arrêté par le ministre des travaux publics après avis du comité d'électricité et pourra être publié en tout ou en partie.

Pour les communes avec lesquelles des accords auront été passés conformément à l'article 27 ci-dessus, le concessionnaire devra, en outre, adresser à l'ingénieur en chef du contrôle, dans le courant du premier trimestre de chaque année, l'état des recettes réalisées pendant l'année précédente.

L'ingénieur en chef aura le droit de contrôler ces états ; à cet effet, les agents du contrôle dûment accrédités pourront se faire présenter toutes pièces de comptabilité nécessaires pour leur vérification.

Impôts et droits d'octroi.

Art. 29. — Tous les impôts établis ou à établir par l'État, les départements ou les communes, y compris les impôts relatifs aux immeubles de la distribution, seront à la charge du concessionnaire.

Pénalités.

Art. 30. — Faute par le concessionnaire de remplir les obligations qui lui sont imposées par le présent cahier des charges, des amendes pourront lui être infligées, sans préjudice, s'il y a lieu, de dommages et intérêts envers les tiers intéressés. Les amendes seront prononcées au profit de l'État par le préfet, après avis de l'ingénieur en chef du contrôle. Les amendes seront appliquées dans les conditions suivantes :

En cas d'interruption générale non justifiée du courant, amende de. . . . . . . par heure d'interruption.

En cas de manquement aux obligations imposées par les articles 6, 9, 13, 14 et 28 du présent cahier des charges, et par chaque infraction, amende de. . . . . par jour, jusqu'à ce que l'infraction ait cessé (¹).

Cautionnement.

Art. 31. — Avant la signature de l'acte de concession, le concessionnaire déposera, soit à la caisse des dépôts et consignations, soit à la trésorerie générale du département d. . . . . une somme de. . . . . en numéraire ou en rentes sur l'État, en obligations garanties par l'État, ou en bons du Trésor, dans les conditions prévues par les lois et règlements pour les cautionnements en matière de travaux publics.

La somme ainsi versée formera le cautionnement de l'entreprise.

Sur le cautionnement seront prélevés le montant des amendes stipulées à l'article 30, ainsi que les dépenses faites en raison des mesures prises aux frais du concessionnaire pour assurer la sécurité publique ou la reprise de l'exploitation en cas de suspension, conformément aux prescriptions du présent cahier des charges.

Toutes les fois qu'une somme quelconque aura été prélevée sur le cautionnement, le concessionnaire devra le compléter à nouveau dans un délai de quinze jours, à dater de la mise en demeure qui lui sera adressée à cet effet.

La moitié du cautionnement sera restituée au concessionnaire après achèvement de la ligne principale définie à l'article 1ᵉʳ ci-dessus ; l'autre moitié lui sera restituée en fin de

(¹) Les amendes prévues peuvent n être pas les mêmes pour les nfractions aux divers articles mentionnés dans ce paragraphe.

concession. Toutefois en cas de déchéance, la partie non restituée du cautionnement restera définitivement acquise à l'État.

Agents du concessionnaire.

Art. 52. — Les agents et gardes que le concessionnaire aura fait assermenter pour la surveillance et la police de la distribution et de ses dépendances seront porteurs d'un signe distinctif et seront munis d'un titre constatant leurs fonctions.

Cession ou modification de, la concession.

Art. 53. — Toute cession partielle ou totale de la concession, tout changement de concessionnaire ne pourront avoir lieu, à peine de déchéance, qu'en vertu d'une autorisation donnée par le préfet ou par le ministre des travaux publics, suivant les conditions établies par l'article 7, paragraphe 1er, de la loi du 15 juin 1906.

Jugement des contestations.

Art. 34. — Les contestations qui s'élèveraient entre le concessionnaire et l'administration, au sujet de l'exécution et de l'interprétation des clauses du présent cahier des charges, seront jugées par le conseil de préfecture du département d. . . . . sauf recours au conseil d'État.

Election de domicile.

Art. 55. — Le concessionnaire devra faire élection de domicile à. . . . .
Dans le cas où il ne l'aurait pas fait, toute notification ou signification à lui adressée sera valable lorsqu'elle sera faite à la préfecture d. . . . .

Frais d'enregistrement.

Art. 56. — Les frais de timbre et d'enregistrement du présent cahier des charges et des conventions annexées seront supportés par le concessionnaire.

APPENDICE

Dans le cahier des charges type pour la concession par l'État d'une distribution d'énergie électrique aux services publics, annexé au décret du 30 novembre 1909 et publié au *Journal officiel* du jeudi 2 décembre 1909, peuvent être maintenus ou rayés, au choix de l'autorité concédante, les paragraphes, phrases ou notes qui suivent :

Art. 5. — Paragraphes 3, 4, 5 et 6.

Art. 7. — Paragraphes 3 et 4.

Art. 9. — Paragraphe 2.

Art. 10. — Les phrases : « Toutefois, elles pourront, sur la demande du concessionnaire, être placées dans des galeries accessibles, et elles devront l'être lorsque les services de voirie l'exigeront. Sauf aux traversées des chaussées, elles seront toujours sous les trottoirs, à moins d'une autorisation spéciale » (§ 1er).

Les mots : « Les canalisations aériennes.

Art. 13. — Paragraphe 4.

65579 — Imprimerie Lahure, 9, rue de Fleurus, à Paris.

65579. — Imprimerie Lahure, 9, rue de Fleurus, à Paris.